Herramientas y Estrategias Avanzadas de Ciberseguridad

Cifrado, Firewalls, Almacenamiento Seguro en la Nube, Detección de Amenazas y Respuesta a Incidentes para Personas sin Conocimientos Técnicos

Por Joe Corr

Publicado por Live Stronger Faster

Este libro es únicamente para fines educativos e informativos. El autor y el editor no ofrecen asesoramiento legal, financiero ni de ningún otro tipo profesional. Los lectores deben consultar a un profesional calificado antes de tomar cualquier decisión financiera.

Primera Edición

Tabla de Contenido

Introducción

Vivimos en una era en la que los ciberataques ocurren cada 39 segundos y las filtraciones de datos afectan a millones de personas sin previo aviso. La conversación sobre la seguridad digital ya no puede limitarse únicamente a los profesionales de tecnología. Hoy en día, todos—emprendedores, trabajadores independientes, padres, estudiantes e incluso jubilados—necesitan comprender algo más que los conceptos básicos de la ciberseguridad. Ya no se trata solamente de instalar un antivirus y crear contraseñas seguras. Las amenazas evolucionan constantemente, y tus defensas también deben hacerlo.

Ahí es donde entra este libro.

Herramientas y Estrategias Avanzadas de Ciberseguridad fue creado para personas que ya conocen los fundamentos de la seguridad digital y desean llevar su protección al siguiente nivel, sin necesidad de convertirse en hackers profesionales ni contratar un equipo técnico. Si has leído los libros anteriores de esta serie, ya aprendiste a detectar correos fraudulentos, configurar opciones de privacidad y proteger tus dispositivos móviles. Ahora es momento de profundizar. El cifrado, los firewalls, la seguridad en la nube, la detección de amenazas y la planificación de respuesta ante incidentes son herramientas utilizadas por expertos en ciberseguridad, y hoy ya no son opcionales. Son esenciales y, sorprendentemente, no necesitas conocimientos técnicos avanzados para utilizarlas correctamente.

Este no es un libro sobre hackeo ni programación. Es una guía diseñada para ayudarte a construir una fortaleza alrededor de tu vida digital utilizando herramientas poderosas pero accesibles. Aprenderás cómo el cifrado protege tus correos electrónicos y archivos de miradas no autorizadas, cómo los distintos tipos de firewalls funcionan como tu primera línea de defensa y cómo elegir servicios de almacenamiento en la nube que mantengan seguros tus documentos confidenciales. También exploraremos sistemas antivirus y herramientas de detección de amenazas, entendiendo cómo funcionan y cuándo pueden fallar. Y porque ningún sistema es perfecto, terminaremos con una guía práctica para crear tu propio plan de respuesta ante incidentes, de modo que sepas exactamente qué hacer cuando algo salga mal.

Quizás te estés preguntando: “¿Realmente necesito este nivel de protección?” La respuesta es simple. Si tienes un smartphone, administras datos de clientes, envías mensajes privados, compras por internet o almacenas información sensible en la nube, la respuesta es sí. La ciberseguridad no consiste solo en mantener alejados a los hackers; también se trata de proteger tu libertad, tu reputación, tus finanzas y tu tranquilidad.

Lo que hace diferente a este libro es su enfoque en la simplicidad y la acción. Cada estrategia que encontrarás aquí ha sido cuidadosamente seleccionada para personas sin conocimientos técnicos—personas como tú, que buscan resultados sin complicaciones ni terminología confusa. Explicaré cada tema paso a paso y compartiré escenarios reales donde estas herramientas salvaron negocios, protegieron archivos personales o ayudaron a recuperarse después de un ataque. No necesitas ser un experto en computadoras para crear un sistema sólido de seguridad; solo necesitas la guía adecuada. Eso es precisamente este libro.

A lo largo de los capítulos encontrarás recomendaciones de herramientas, consejos de configuración y señales de advertencia que debes reconocer. También aprenderás a crear defensas por capas, un concepto conocido como defensa en profundidad, que aumenta considerablemente tus posibilidades de mantenerte protegido incluso si un sistema falla. Este enfoque es el estándar de oro en ciberseguridad, y descubrirás que aplicarlo puede ser mucho más sencillo de lo que imaginas.

Al finalizar este libro, no solo tendrás mejores herramientas; tendrás confianza. Confianza en que tus archivos están cifrados, que tus dispositivos están protegidos, que tu almacenamiento en la nube es seguro y que cuentas con un plan claro para responder ante cualquier incidente cibernético. Sabrás cuáles herramientas realmente valen la pena y cuáles puedes utilizar gratuitamente. Estarás preparado para tomar decisiones más inteligentes sobre las aplicaciones que utilizas, los correos que abres y las redes a las que te conectas.

La ciberseguridad ya no es opcional. Pero convertirte en una persona preparada digitalmente no tiene por qué ser complicado, costoso ni estresante. Con el conocimiento adecuado, puedes protegerte a ti mismo y a tu negocio de la mayoría de las amenazas digitales modernas, y puedes comenzar hoy mismo.

Así que, si estás listo para pasar de ser un usuario pasivo a un defensor proactivo—sin necesidad de aprender programación—comencemos.

Capítulo 1: Por Qué “Avanzado” No Significa “Complicado”

Jasmine Hernandez dirigía una consultoría de marketing en línea de seis cifras desde su laptop. Sus días estaban llenos de reuniones virtuales, campañas de correo electrónico y formularios de incorporación de clientes, todos dependientes del almacenamiento y la transmisión segura de información confidencial. Ella pensaba que era cuidadosa: utilizaba contraseñas seguras, un antivirus de pago y una VPN cuando se conectaba a redes Wi-Fi públicas. Pero Jasmine estaba a punto de descubrir que las amenazas digitales no esperan a que alguien sea experto en tecnología. Simplemente buscan el siguiente punto débil.

Todo comenzó un martes cualquiera. Jasmine acababa de terminar un seminario web y abrió lo que parecía ser un archivo rutinario de Dropbox enviado por un cliente habitual. En cuestión de minutos, su pantalla se congeló. Después, sus archivos desaparecieron. Ventanas emergentes comenzaron a aparecer exigiendo pagos en Bitcoin a cambio de desbloquear el sistema. Había sido víctima de ransomware. Un atacante sin rostro había obtenido acceso a sus archivos y cifrado toda su información: contratos comerciales, registros fiscales, bases de datos de clientes—todo había desaparecido.

En estado de pánico, llamó a su amigo Marcus, un consultor de tecnología. Después de escuchar lo ocurrido, él le preguntó: "¿Tienes software de detección de amenazas en dispositivos? ¿Un firewall? ¿Respaldos seguros en la nube?"

"No... tengo antivirus y uso iCloud", respondió ella, todavía temblando.

Marcus suspiró. "El antivirus ayuda con virus tradicionales, pero el ransomware y los ataques actuales son mucho más complejos. Necesitas protección por capas: firewalls, cifrado, respaldos reales en la nube con historial de versiones y algún sistema de detección."

Durante los días siguientes, Jasmine aprendió más sobre ciberseguridad de lo que jamás imaginó necesitar. Pero, curiosamente, no era tan complicado como pensaba. Con la ayuda de Marcus, reconstruyó su sistema: instaló un firewall físico en casa, contrató almacenamiento seguro en la nube con copias de seguridad automáticas, activó el cifrado completo del disco duro y reemplazó su antivirus básico por una solución de protección avanzada que monitoreaba comportamientos sospechosos. Incluso creó un plan de respuesta ante incidentes: una lista simple de pasos que le indicaba qué hacer si sufría otro ataque.

Semanas después, Jasmine reflexionó sobre lo sucedido. No había sido descuidada—simplemente creía que la protección básica era suficiente. Pero en un mundo donde los ciberdelincuentes utilizan inteligencia artificial y automatización para escalar ataques, lo básico ya no basta. Lo que aprendió, y lo que ahora compartía con sus clientes, era que las herramientas avanzadas no requieren un título en informática. Solo requieren conciencia y acción.

Esa experiencia cambió su negocio. No solo implementó mejores prácticas de seguridad, sino que también comenzó a ofrecer evaluaciones de riesgo digital como parte de sus servicios de consultoría. Lo que antes parecía una vulnerabilidad se convirtió en un valor agregado. Y como ella misma decía a sus clientes: "No necesitas ser un experto en tecnología. Solo necesitas el sistema correcto, la mentalidad adecuada y un poco de orientación. Porque hoy, la ciberseguridad avanzada simplemente es un negocio inteligente."

Capítulo 2: Cifrado: Cómo Proteger Tus Correos Electrónicos, Archivos y Dispositivos

El cifrado suele verse como una herramienta misteriosa y avanzada utilizada únicamente por espías y grandes empresas tecnológicas. Pero, en realidad, es una de las formas más simples y efectivas de proteger tu información, y está disponible para todos. En este capítulo, explicaremos qué es el cifrado, cómo funciona, dónde deberías aplicarlo en tu vida y qué herramientas puedes comenzar a usar desde hoy.

Comencemos con lo básico. El cifrado es el proceso de convertir información en un formato codificado para que solo alguien con la clave correcta pueda acceder a ella. Piensa en ello como guardar tus datos dentro de una caja fuerte cerrada. Incluso si alguien roba la caja fuerte, no podrá abrirla sin la combinación adecuada. El cifrado moderno utiliza algoritmos matemáticos que son prácticamente imposibles de descifrar sin la clave de desencriptación, convirtiéndolo en una solución de seguridad de primer nivel.

Existen dos tipos principales de cifrado: simétrico y asimétrico. El cifrado simétrico utiliza la misma clave para cifrar y descifrar datos. Es rápido y eficiente, ideal para sistemas internos o discos duros cifrados. El cifrado asimétrico, por otro lado, utiliza una clave pública para cifrar datos y una clave privada para descifrarlos. Este método es común en el cifrado de correos electrónicos, mensajería segura y firmas digitales. Probablemente ya lo has usado sin darte cuenta cada vez que visitas un sitio web con "https" en la barra de direcciones.

Entonces, ¿dónde deberías utilizar el cifrado en tu vida diaria o negocio? Comienza con tus dispositivos. Activa el cifrado completo del disco en tu laptop y teléfono. En Mac se llama FileVault; en Windows, BitLocker. Estas herramientas cifran todo el contenido de tu disco duro, protegiendo tu información incluso si tu dispositivo es robado. En dispositivos móviles, la mayoría de los modelos modernos ya cifran automáticamente los datos, pero aun así debes verificar que la función esté activada en la configuración.

Después, considera cifrar tus correos electrónicos, especialmente si compartes contratos, información de clientes o datos sensibles. Herramientas como ProtonMail, Tutanota o extensiones como Mailvelope te permiten enviar mensajes cifrados que solo el destinatario puede leer. Para aplicaciones de mensajería, Signal y WhatsApp utilizan cifrado de extremo a extremo de forma predeterminada, lo que significa que ni siquiera el proveedor de la aplicación puede leer tus mensajes.

No olvides el almacenamiento en la nube. Muchas plataformas populares como Dropbox, Google Drive e iCloud cifran los datos tanto en tránsito (mientras se cargan) como en reposo (mientras permanecen almacenados). Sin embargo, el proveedor del servicio suele conservar las claves de cifrado, lo que significa que podría tener acceso a tus archivos. Para obtener mayor control, puedes usar servicios de nube de conocimiento cero como Sync.com, pCloud o Tresorit, que garantizan que solo tú tengas acceso a las claves de cifrado.

El cifrado a nivel de archivo es otro paso importante. Herramientas como VeraCrypt o AxCrypt te permiten cifrar archivos o carpetas específicas antes de subirlas a la nube. Esto agrega una capa adicional de protección, especialmente para documentos sensibles como declaraciones de impuestos, contratos o copias de identificación personal.

Por último, comprende la importancia de la gestión de claves. El cifrado solo es tan seguro como el lugar donde almacenas tus claves. Nunca envíes tu clave de desencriptación junto con el archivo cifrado por correo electrónico. Usa un administrador de contraseñas para guardar tus claves o frases de recuperación de manera segura. Y si utilizas autenticación multifactor—algo altamente recomendable—asegúrate de proteger también tus códigos de recuperación.

El cifrado puede parecer intimidante, pero una vez que entiendes su lógica y tienes las herramientas correctas, se vuelve algo natural. No necesitas cifrarlo todo, solo aquello que realmente importa. Piensa en el cifrado como un cinturón de seguridad para tu vida digital. Esperas no necesitarlo nunca, pero cuando algo sale mal, puede marcar la diferencia entre un pequeño susto y un desastre total.

La historia del cifrado

Tommy era un asesor fiscal independiente que trabajaba remotamente con decenas de clientes en todo Estados Unidos. Su negocio estaba creciendo rápidamente, y él se enorgullecía de ser confiable, eficiente y discreto. Pero cuando un nuevo cliente insistió en utilizar ProtonMail para toda la comunicación, Tommy se sorprendió.

"¿Por qué no usamos simplemente Gmail?", preguntó.

"Porque te enviaré formularios W-2, estados bancarios y números de seguro social. Si eso es interceptado, lo pierdo todo", respondió el cliente con firmeza.

Esa noche, Tommy investigó un poco. Descubrió que, aunque Gmail cifra los mensajes durante la transmisión, Google aún podía acceder a ellos. Y si alguien hackeaba su cuenta, tendría acceso total a todo. Esa misma noche se registró en ProtonMail.

Unas semanas después, le robaron el teléfono mientras viajaba. Al principio entró en pánico. ¿Qué pasaría con los mensajes de clientes? ¿Y con sus archivos personales? Entonces recordó que su teléfono estaba cifrado, protegido con código de acceso y capacidad de borrado remoto. Inició sesión desde su laptop, usó el administrador de dispositivos para borrar el contenido del teléfono y respiró tranquilo por primera vez en horas.

Desde ese momento, Tommy se volvió un firme defensor del cifrado. Activó FileVault en su MacBook, comenzó a usar Signal para mensajería, almacenó documentos de clientes en una nube de conocimiento cero y cifró cada declaración de impuestos antes de enviarla. Incluso creó una guía rápida de una página para explicarles a sus clientes cómo abrir archivos cifrados de manera segura.

Los clientes lo notaron. Confiaban más en él, lo recomendaban con mayor frecuencia, y uno incluso le dijo: “Eres la única persona fuera de mi contador en quien confío plenamente para manejar mis finanzas." Lo que comenzó como un cambio incómodo terminó convirtiéndose en una ventaja competitiva. En un campo donde la privacidad lo era todo, el uso del cifrado se transformó en un valor agregado para su negocio.

El cifrado no solo protegió el negocio de Tommy—lo elevó. Y todo comenzó con un solo cliente que se negó a conformarse con lo "conveniente".

Capítulo 3: Firewalls 101: Qué Son, Cómo Funcionan y Cómo Utilizarlos

La mayoría de las personas ha escuchado la palabra "firewall" o "cortafuegos", pero pocas entienden realmente qué hace o por qué es absolutamente esencial para cualquiera que se tome en serio la ciberseguridad. Ya seas emprendedor independiente, trabajador remoto o un padre preocupado por la seguridad digital, los firewalls representan una de tus líneas de defensa más poderosas contra las amenazas cibernéticas. No son herramientas exclusivas de grandes corporaciones o empresas tecnológicas. De hecho, si utilizas internet, ya dependes de al menos un firewall—aunque quizás no esté trabajando tan eficientemente como debería.

En esencia, un firewall es un guardián digital. Supervisa el tráfico entrante y saliente entre tu dispositivo o red y el internet. Cada vez que tu computadora intenta enviar o recibir datos—ya sea al cargar una página web, abrir un correo electrónico o acceder a almacenamiento en la nube—el firewall revisa esa información siguiendo un conjunto de reglas. Si algo parece sospechoso o no está dentro de la lista de elementos aprobados, se bloquea. Este proceso ocurre en tiempo real y constituye la primera gran línea de defensa contra malware, virus, hackers y accesos no autorizados.

Existen tres tipos de firewalls que todo usuario sin conocimientos técnicos debería conocer: firewalls de software, firewalls de hardware y firewalls basados en la nube.

Los firewalls de software son programas instalados directamente en tu dispositivo. Tanto Windows como macOS incluyen firewalls integrados que normalmente vienen activados por defecto. Estos firewalls filtran datos a nivel individual del dispositivo. Por ejemplo, pueden bloquear aplicaciones sospechosas que intenten conectarse a internet o impedir accesos remotos no autorizados. También puedes instalar programas de terceros como GlassWire o Little Snitch para obtener mayor control y visibilidad sobre tu actividad de red. Estas herramientas te permiten ver exactamente qué aplicaciones están enviando o recibiendo datos, algo que puede resultar sorprendente.

Los firewalls de hardware, por otro lado, se ubican entre tu conexión a internet y tus dispositivos, generalmente integrados dentro del router. Protegen toda tu red, no solo un dispositivo específico. Puedes imaginarlos como los porteros de la entrada principal de tu casa digital. Si están configurados correctamente, bloquean tráfico malicioso antes de que siquiera llegue a tu laptop o teléfono. Muchos routers domésticos incluyen firewalls básicos, pero los modelos avanzados o empresariales ofrecen funciones adicionales, como prevención de intrusiones y bloqueo geográfico. Si manejas un negocio desde casa o almacenas datos de clientes, actualizar tu router por uno más robusto puede ser una excelente inversión.

Los firewalls basados en la nube, también conocidos como Firewall-as-a-Service (FWaaS), están ganando popularidad entre trabajadores remotos y equipos distribuidos. Estos firewalls operan desde la nube y protegen tu conexión a internet sin importar dónde te encuentres. Podrías verlos como una VPN con inteligencia adicional. Servicios como NordLayer o Perimeter 81 combinan cifrado con protección avanzada para detener amenazas antes de que lleguen a tu dispositivo local. Son ideales si trabajas desde cafeterías, espacios de coworking o utilizas múltiples dispositivos.

Entonces, ¿cómo utilizas realmente un firewall? Primero, verifica la configuración de tu dispositivo. En Windows, ve al Panel de Control > Firewall de Windows Defender. En macOS, abre Configuración del Sistema > Red > Firewall. Asegúrate de que esté activado. Luego revisa el manual o la interfaz web de tu router para confirmar que el firewall de red esté habilitado. La mayoría de los routers permiten iniciar sesión desde un navegador usando direcciones como 192.168.1.1 o 10.0.0.1.

Busca configuraciones como SPI (Inspección de Paquetes con Estado), bloqueo de puertos y controles parentales.

Para una capa adicional de visibilidad, instala un monitor de firewall de terceros. Aplicaciones como GlassWire ofrecen paneles de control que muestran qué programas están enviando datos y cuándo. Si detectas algo desconocido—como una dirección IP extraña comunicándose con tu sistema—puedes bloquearlo con un solo clic. Esto convierte al firewall en una herramienta activa dentro de tus hábitos diarios de seguridad.

También es importante comprender el concepto de puertos. Los firewalls administran qué puertos de tu sistema permanecen abiertos. Un puerto funciona como una puerta de entrada a tu dispositivo. Algunos son necesarios para tareas normales, como navegar por internet o revisar correos, pero otros representan posibles puntos de acceso para hackers. La mayoría de los firewalls bloquea automáticamente puertos innecesarios, aunque los usuarios avanzados pueden personalizar cuáles permanecen abiertos o cerrados. Si no administras servidores o redes especiales, lo mejor es mantener la mayoría de los puertos cerrados.

Los firewalls también ofrecen protección contra ataques DDoS (denegación de servicio distribuida), los cuales saturan tu red con tráfico falso para ralentizarla o colapsarla. Los firewalls empresariales pueden detectar estos patrones y bloquearlos en tiempo real. Aunque estos ataques son menos comunes para usuarios individuales, están aumentando y cualquier persona que administre servicios en línea debería considerarlos.

Finalmente, los firewalls no son herramientas que se configuran una sola vez y luego se olvidan. Debes revisar periódicamente actualizaciones, ajustar reglas según nuevas amenazas y analizar registros si detectas actividad sospechosa. Si administras un negocio, considera establecer una política básica de firewall que defina qué tráfico está permitido, qué se bloquea y quién puede modificar la configuración.

En definitiva, los firewalls son como guardaespaldas digitales. Trabajan silenciosamente en segundo plano, filtrando, bloqueando y protegiendo tu información. Pero con un poco de atención de tu parte, pueden volverse mucho más poderosos. Y a medida que evolucionan las amenazas, tu firewall también debe evolucionar, porque tu primera línea de defensa solo es fuerte si se mantiene correctamente.

La historia del firewall

Unos meses después de que una importante filtración de datos afectara su aplicación favorita de productividad, Lana decidió que era momento de tomar en serio su seguridad digital. Trabajaba como asistente virtual para seis clientes diferentes, gestionando correos electrónicos, calendarios, contabilidad y almacenamiento de documentos. Siempre creyó que un antivirus básico y contraseñas fuertes eran suficientes, pero la noticia de millones de cuentas comprometidas la hizo replantearse todo.

Fue entonces cuando escuchó un podcast que explicaba los firewalls de manera sencilla. Los describían como guardaespaldas digitales, ubicados entre tus dispositivos e internet, inspeccionando todo el tráfico entrante y saliente. Intrigada, abrió su laptop y revisó la configuración. El Firewall de Windows estaba activado, pero ella no tenía idea de qué hacía exactamente ni si funcionaba correctamente.

Llamó a su primo Nate, ingeniero de software, para pedir ayuda. Durante una videollamada, Nate le dio una explicación rápida. "Piensa en tu dispositivo como una casa", dijo. "El firewall es la puerta de seguridad. Decide quién entra y quién se queda fuera. Sin él, básicamente estás dejando la puerta principal abierta."

Juntos revisaron la configuración del firewall de Windows. Estaba activo, pero Nate descubrió que algunos puertos innecesarios permanecían abiertos debido a una aplicación antigua de intercambio de archivos que Lana había instalado años atrás. La eliminaron y reforzaron las reglas del firewall. Luego Nate le preguntó por su router Wi-Fi doméstico.

"Tengo el que vino con el plan de internet. Nunca lo toco", respondió ella.

Nate negó con la cabeza. "Ese router tiene un firewall básico, pero normalmente es débil y anticuado. Vamos a revisarlo."

Accedieron al router desde el navegador y descubrieron que, aunque el firewall estaba activado, funciones importantes como el filtrado SPI y la protección DoS estaban deshabilitadas. Peor aún, el usuario y contraseña seguían siendo los predeterminados de fábrica. Lana quedó sorprendida. Cualquiera podría haber accedido fácilmente a su router. Nate le ayudó a cambiar la contraseña, activar funciones avanzadas y habilitar controles parentales para bloquear sitios web peligrosos.

Pero no se detuvieron allí. Nate sugirió instalar un dispositivo dedicado de firewall como Firewalla o CUJO AI, especialmente porque Lana trabajaba con información sensible de clientes. Al principio pensó que era exagerado, pero cuando Nate explicó que podría monitorear todos los dispositivos de su red—incluyendo televisores inteligentes y teléfonos—aceptó.

Dos días después llegó el dispositivo. La instalación tomó menos de treinta minutos. Inmediatamente comenzó a recibir alertas en tiempo real sobre dispositivos desconocidos intentando acceder a su red. Fue inquietante, pero revelador. Por primera vez tenía visibilidad total sobre lo que ocurría dentro de su entorno digital.

Durante las semanas siguientes, Lana desarrolló una nueva rutina. Cada viernes por la mañana revisaba el panel y los registros del firewall antes de comenzar a trabajar. Se convirtió en un hábito, igual que revisar su cuenta bancaria o leer correos electrónicos. Le brindaba tranquilidad y una sensación de control que nunca había tenido con la tecnología.

Más tarde ese mes, uno de sus clientes la llamó desesperado. Su asistente virtual había descargado accidentalmente una factura falsa y la red se había infectado. Lana explicó calmadamente los fundamentos del firewall y les mostró cómo revisar la configuración del router. Quedaron impresionados y agradecidos.

Lana comprendió que los firewalls no eran solo un concepto técnico complejo: eran una necesidad. Y lo más importante, eran completamente manejables con las herramientas y la mentalidad correctas. No necesitaba convertirse en experta en ciberseguridad. Solo necesitaba dar el primer paso.

Lo que antes parecía invisible e irrelevante ahora se había convertido en la base de su seguridad digital. Y con cada amenaza bloqueada y cada alerta evitada, se sentía un poco más fuerte y mucho más protegida.

Capítulo 4: Seguridad en el Almacenamiento en la Nube: Dropbox, Google Drive, iCloud y Alternativas

El almacenamiento en la nube ha transformado la forma en que trabajamos, nos comunicamos y respaldamos nuestras vidas digitales. Ya sea que guardes fotos familiares, documentos financieros, contratos de clientes o proyectos creativos, es muy probable que estén almacenados en plataformas como Dropbox, Google Drive o iCloud. Pero la comodidad puede tener un precio, especialmente si tu almacenamiento en la nube no está adecuadamente protegido. En este capítulo, analizaremos cómo funciona el almacenamiento en la nube, los riesgos involucrados y las herramientas y estrategias que puedes utilizar para proteger tus datos de filtraciones, robos o bloqueos inesperados.

En su forma más simple, el almacenamiento en la nube consiste en guardar archivos en servidores remotos en lugar de hacerlo directamente en tu dispositivo. Estos servidores son administrados por empresas como Google, Apple y Microsoft, y se accede a ellos a través de internet. Esto ofrece beneficios enormes: acceso desde cualquier lugar, sincronización entre dispositivos y copias de seguridad automáticas. Pero también introduce nuevas vulnerabilidades. Estás confiando en terceros para proteger tu información. Y si esa confianza falla, tus datos podrían verse comprometidos sin que lo sepas.

La mayoría de los proveedores importantes de almacenamiento en la nube utilizan cifrado tanto durante la transmisión de archivos como mientras permanecen almacenados. Sin embargo, en muchos casos, estas compañías conservan las claves de cifrado. Eso significa que empleados internos o hackers que comprometan sus sistemas podrían potencialmente acceder a tu información. Esto no es solo teoría: servicios en la nube ya han sido vulnerados anteriormente. El famoso caso de filtración de fotografías privadas desde iCloud demostró que incluso grandes empresas con enormes presupuestos pueden ser atacadas.

La solución es asumir responsabilidad sobre tu propia seguridad en la nube. El primer paso es elegir el proveedor adecuado. Servicios como Dropbox, Google Drive e iCloud son populares porque son rápidos, fáciles de usar y se integran perfectamente con tus dispositivos. Pero si almacenas documentos sensibles, deberías considerar proveedores de conocimiento cero como Sync.com, Tresorit o pCloud. Estas plataformas garantizan que solo tú tengas acceso a las claves de cifrado. Incluso la propia empresa no puede ver tus archivos, lo que significa que, aunque ocurra una brecha de seguridad, tu información permanece protegida.

Si prefieres continuar usando servicios tradicionales, todavía puedes reforzar tu seguridad. Utiliza cifrado a nivel de archivo antes de subir cualquier documento. Herramientas como Cryptomator, VeraCrypt o AxCrypt te permiten cifrar archivos con contraseña antes de que lleguen a la nube. Esto crea una doble capa de protección. Incluso si alguien accede a tu cuenta de Dropbox, no podrá abrir tus archivos sin la clave correspondiente.

Activa la autenticación de dos factores (2FA) en todas tus cuentas de almacenamiento en la nube. Esta función requiere una segunda verificación de identidad—como un código enviado a tu teléfono—para iniciar sesión. Esto reduce drásticamente la posibilidad de que alguien acceda a tu cuenta, incluso si obtiene tu contraseña. Todas las plataformas principales admiten 2FA, aunque normalmente debes activarlo manualmente desde la configuración.

También es importante ser selectivo con lo que almacenas en la nube. Nunca subas documentos extremadamente sensibles—como copias de pasaporte, declaraciones fiscales o contratos legales—sin cifrarlos previamente. Pregúntate qué ocurriría si alguien accediera a tu cuenta. ¿Podrían abrir líneas de crédito a tu nombre? ¿Filtrar archivos personales? ¿Bloquear tu acceso al trabajo? Si la respuesta es sí, cifra esos archivos antes de subirlos o evita almacenarlos allí.

Revisa cuidadosamente la configuración de uso compartido. Uno de los mayores riesgos del almacenamiento en la nube es la exposición accidental. Tal vez querías compartir un archivo con un cliente específico, pero seleccionaste la opción "Cualquiera con el enlace puede verlo". Ese enlace puede circular indefinidamente sin tu conocimiento. Siempre utiliza enlaces protegidos por contraseña y establece fechas de expiración para accesos sensibles. Revisa regularmente tus carpetas compartidas y elimina permisos de personas que ya no necesitan acceso.

Recuerda que almacenamiento en la nube no significa necesariamente respaldo real. Muchos servicios simplemente sincronizan archivos, lo que significa que si eliminas algo en tu computadora, también desaparecerá en la nube. Para copias de seguridad auténticas, considera servicios como Backblaze, IDrive o Carbonite, diseñados para guardar versiones históricas del sistema. Esto te permitirá restaurar archivos si sufres ransomware o eliminas algo por error.

Para empresas y freelancers que manejan información de clientes, la seguridad en la nube es aún más importante.

Deberías crear una política escrita de almacenamiento de datos que explique dónde se guardan los archivos, quién tiene acceso, cómo se cifran y cuánto tiempo permanecen almacenados. Esto no solo protege a tus clientes, sino que también reduce tu responsabilidad legal en caso de incidentes. Algunas industrias incluso están sujetas a normativas específicas, como HIPAA o GDPR, que regulan cómo deben almacenarse y protegerse los datos.

Por último, monitorea tus cuentas. Muchas plataformas de nube ofrecen registros de actividad que muestran quién accedió, cuándo y desde dónde. Configura alertas para intentos de acceso sospechosos o cambios inesperados en archivos. Si tu cuenta alguna vez es comprometida, estos registros te ayudarán a identificar daños y responder rápidamente.

El almacenamiento en la nube no desaparecerá; al contrario, se volverá cada vez más esencial. Pero con esa conveniencia viene la responsabilidad de protegerte. Afortunadamente, con las herramientas adecuadas—plataformas seguras, cifrado, autenticación de dos factores y estrategias de respaldo—puedes disfrutar de los beneficios de la nube sin ansiedad. Como ocurre con la mayoría de las prácticas de ciberseguridad, no se trata de paranoia, sino de preparación. Y cuando tus archivos más importantes viven en línea, la preparación lo es todo.

Ahora hablemos de la historia de Meera y el almacenamiento en la nube.

Meera Patel siempre había sido una persona organizada. Como diseñadora gráfica independiente, sus carpetas digitales estaban perfectamente clasificadas por cliente, fecha y entregables. Todo lo que creaba—desde identidades visuales hasta diseños web—vivía dentro de Google Drive. Le encantaba la facilidad para colaborar y compartir enlaces en lugar de enviar archivos pesados. Pero un día, esa comodidad se convirtió en vulnerabilidad.

Todo comenzó cuando recibió un correo urgente de un cliente de largo plazo: "Meera, ¿compartiste accidentalmente toda nuestra carpeta de proyecto con un competidor?"

Su corazón se detuvo.

Abrió el enlace incluido en el mensaje y entendió inmediatamente lo sucedido. Una carpeta que debía compartirse de manera limitada había sido configurada como "Cualquiera con el enlace puede ver". Ese enlace terminó llegando a otra persona—otro diseñador que ahora estaba utilizando sus bocetos para presentar propuestas similares. La traición no solo fue profesional; fue digital.

Meera eliminó el acceso y revocó el enlace rápidamente, pero el daño ya estaba hecho. El cliente había perdido confianza. Y para Meera, ese error le costó un contrato de cinco cifras.

Después del incidente, decidió detenerse y revisar todos sus sistemas digitales. Descubrió algo preocupante: contratos, facturas, documentos de identidad y formularios fiscales estaban almacenados sin cifrado. Algunos enlaces compartidos seguían activos desde hacía meses. Otros ni siquiera requerían iniciar sesión.

Investigando alternativas, encontró una plataforma llamada Sync.com, basada en conocimiento cero. Eso significaba que ni siquiera la empresa podía acceder a sus archivos. Probó el servicio y quedó satisfecha. Migró contratos y documentos sensibles a Sync, mientras mantenía archivos colaborativos en Google Drive.

También comenzó a utilizar cifrado a nivel de carpeta mediante Cryptomator. Ahora, incluso si alguien encontraba un enlace compartido, solo vería datos incomprensibles sin la clave correcta.

Además, revisó todas sus cuentas. Activó autenticación de dos factores en Google, Dropbox e iCloud. Descargó registros de actividad, eliminó accesos antiguos y creó una hoja de seguimiento con cada archivo compartido, cuándo se compartió y cuándo se eliminó el acceso.

Para mayor tranquilidad, contrató IDrive como sistema de respaldo adicional. Ya no dependía únicamente de la sincronización automática.

Meses después, Meera recuperó la confianza en sí misma y en su negocio. Incluso creó un PDF para clientes titulado "Cómo Protejo Tus Archivos", explicando las herramientas de cifrado utilizadas, cómo se almacenaba la información y cómo se gestionaban permisos.

Los clientes respondieron positivamente. Uno le dijo: "Eres la primera diseñadora con la que trabajo que realmente toma en serio la seguridad de los datos. Eso me hace confiar más en ti."

Lo que comenzó como un desastre terminó convirtiéndose en una ventaja competitiva. Meera comprendió que el almacenamiento en la nube es como un archivador digital: extremadamente útil, pero solo seguro si tiene cerradura y sabes quién posee las llaves. No se trataba de abandonar la comodidad, sino de usarla con intención. Ahora, con las herramientas adecuadas y la conciencia correcta, podía usar la nube con confianza, no con miedo.

Capítulo 5: Herramientas de Detección de Amenazas: Antivirus, SIEM y Más

La ciberseguridad no consiste únicamente en construir defensas; también implica saber cuándo esas defensas han sido vulneradas. Las herramientas de detección de amenazas funcionan como un sistema de cámaras de seguridad para tu vida digital. En lugar de confiar pasivamente en que todo está bien, monitorean activamente tus dispositivos, redes y cuentas en busca de actividad sospechosa. En este capítulo aprenderás qué tipos de herramientas de detección existen, cómo funcionan y cómo puedes utilizarlas para proteger tu información personal y profesional.

En el nivel más básico, las herramientas de detección de amenazas están diseñadas para identificar, alertar y, en algunos casos, responder automáticamente a posibles riesgos de seguridad. Estas amenazas pueden incluir virus, ransomware, intentos de phishing, accesos no autorizados, filtraciones de datos o tráfico de red inusual. El objetivo es detectar problemas antes de que causen daños importantes. Cuanto antes se descubra una amenaza, más fácil y menos costoso será resolverla.

El primer tipo de herramienta que la mayoría de las personas conoce es el software antivirus. Los antivirus modernos hacen mucho más que bloquear virus; también incluyen detección de malware, protección contra ransomware, filtros de phishing e incluso funciones básicas de firewall. Entre las opciones más conocidas están Norton, Bitdefender, McAfee y Kaspersky. Para usuarios de Mac, programas como Intego o Malwarebytes son populares. Aunque el antivirus sigue siendo importante, representa solo una capa de protección. Los ciberdelincuentes actuales utilizan técnicas capaces de evadir soluciones básicas, por lo que se necesitan capas adicionales.

El segundo tipo son las herramientas de detección y respuesta en endpoints (EDR). Estas soluciones van más allá del antivirus tradicional porque supervisan el dispositivo en tiempo real buscando comportamientos extraños, como programas que intentan modificar archivos del sistema, conexiones de red sospechosas o procesos similares al ransomware. Algunas opciones populares para pequeñas empresas y freelancers incluyen CrowdStrike Falcon, SentinelOne y Sophos Intercept X. Incluso sin conocimientos técnicos avanzados, muchas de estas plataformas ofrecen paneles simples y automatización.

Para operaciones más grandes o empresas que manejan información sensible, los sistemas SIEM (Gestión de Información y Eventos de Seguridad) representan el estándar profesional. Estas herramientas recopilan y analizan datos de toda tu infraestructura digital—servidores, firewalls, dispositivos y servicios en la nube—para detectar patrones que puedan indicar un ataque. Son capaces de identificar intentos fallidos de inicio de sesión desde ubicaciones inusuales, eliminaciones masivas de archivos o transferencias no autorizadas de datos. Sistemas como Splunk, LogRhythm o IBM QRadar suelen utilizarse en grandes empresas, pero existen versiones más accesibles como Sumo Logic o AlienVault para pequeños negocios o consultores independientes.

Otro componente importante son los Sistemas de Detección de Intrusiones (IDS). Estas herramientas analizan el tráfico de red buscando firmas conocidas de ataques o patrones anormales. Algunos IDS solo notifican cuando detectan problemas, mientras que los IPS (Sistemas de Prevención de Intrusiones) pueden bloquear actividad maliciosa automáticamente. Soluciones basadas en la nube como Cloudflare y hardware de red como UniFi Security Gateway de Ubiquiti ofrecen funciones IDS/IPS fáciles de utilizar incluso para usuarios sin experiencia técnica.

También es importante conocer los servicios de monitoreo de la Dark Web. Estas herramientas escanean foros, mercados clandestinos y filtraciones públicas en busca de información personal, como correos electrónicos, contraseñas o números de identificación. Si encuentran coincidencias, recibes una alerta para actuar rápidamente. Servicios como HaveIBeenPwned, Experian IdentityWorks y Norton LifeLock ofrecen esta funcionalidad. Algunos administradores de contraseñas, como Dashlane o 1Password, también incluyen monitoreo de la dark web en sus planes avanzados.

La detección de amenazas no depende solo del software; también depende de cómo configures las alertas. Una herramienta que no te avisa a tiempo pierde gran parte de su utilidad. Cuando configures tus sistemas, activa notificaciones en tiempo real para eventos importantes, como:

- Inicios de sesión desde dispositivos nuevos o ubicaciones inusuales
- Múltiples intentos fallidos de acceso
- Grandes transferencias o eliminaciones de archivos
- Instalación de aplicaciones o programas sin autorización

Una de las estrategias más efectivas es utilizar varias capas de detección. Por ejemplo, puedes combinar un antivirus para protección básica, una herramienta EDR para monitoreo avanzado y un firewall en la nube con IDS/IPS para proteger tu red. Esta combinación cubre múltiples puntos de entrada y dificulta enormemente que un atacante pase desapercibido.

Es importante equilibrar seguridad y facilidad de uso. Demasiadas alertas pueden provocar fatiga, haciendo que termines ignorándolas. Configura tus sistemas para recibir solo notificaciones críticas. Además, revisa semanalmente los registros de actividad, incluso si no has recibido alertas. A veces podrás identificar patrones—como intentos repetidos desde una misma dirección IP—antes de que ocurra una intrusión real.

Finalmente, recuerda que la detección no reemplaza la prevención. Estas herramientas te indican cuándo algo va mal, pero no impiden todos los ataques por sí solas. Funcionan mejor cuando se combinan con contraseñas fuertes, cifrado, firewalls y buenos hábitos digitales. Piensa en ellas como un sistema de alarma que complementa las cerraduras de tu casa.

Al terminar este capítulo, deberías comprender que la detección de amenazas no es un complemento opcional, sino una parte esencial de cualquier estrategia de ciberseguridad. Con las herramientas adecuadas y configuraciones correctas, tus dispositivos pueden convertirse en defensores activos, listos para detectar y responder antes de que una amenaza se convierta en crisis.

Cómo Daniel aprendió a usar herramientas de detección de amenazas

Daniel Cho llevaba siete años administrando un pequeño negocio de consultoría tecnológica. Ayudaba a comercios locales y trabajadores independientes a configurar redes, solucionar problemas y recuperar archivos. Se consideraba rápido, accesible y confiable. Pero una llamada telefónica cambiaría completamente su perspectiva.

La llamada provenía de su cliente más importante: un bufete de abogados que manejaba casos corporativos sensibles. El socio principal sonaba desesperado. "Daniel, no podemos abrir nuestros archivos. Aparece un mensaje diciendo que están cifrados y debemos pagar Bitcoin."

Daniel supo inmediatamente lo que ocurría. Era ransomware.

Corrió hacia la oficina, conectó su equipo y comenzó a analizar la situación. El malware se había extendido por varias estaciones de trabajo y carpetas compartidas en la nube. No existía ninguna alerta previa del antivirus. Parecía que la amenaza había permanecido oculta durante semanas antes de activarse.

Después de investigar, descubrió que todo había comenzado con un correo de phishing abierto por un empleado. Pero lo más impactante era que el despacho dependía únicamente de un antivirus básico que llevaba meses sin actualizarse. No existían herramientas EDR, alertas de intrusión ni monitoreo de cambios sospechosos.

La recuperación fue lenta y dolorosa. Daniel tuvo que restaurar respaldos, reconstruir sistemas y ayudar a notificar a clientes afectados. El bufete mantuvo sus servicios, pero una pregunta quedó grabada en su mente: "Si eres nuestro experto en tecnología, ¿por qué no viste esto venir?"

Esa pregunta lo impulsó a cambiar.

Durante el siguiente mes, Daniel estudió todo lo relacionado con detección de amenazas. Probó plataformas EDR como CrowdStrike y Sophos, configuró detección de intrusiones en su red y aprendió a activar alertas en tiempo real.

También implementó un SIEM a pequeña escala, algo que antes creía exclusivo de grandes empresas. El sistema recopilaba registros de routers, dispositivos y servicios en la nube, buscando anomalías. En menos de una semana, detectó un intento de acceso sospechoso desde un país extraño en la cuenta de correo de un cliente. Daniel reaccionó rápidamente cambió la contraseña y activó autenticación de dos factores.

El cliente quedó impresionado.

Animado por los resultados, Daniel comenzó a ofrecer un nuevo servicio: “Monitoreo Proactivo de Ciberseguridad.” Instaló herramientas EDR en laptops de clientes, activó alertas por intentos fallidos de acceso y supervisó filtraciones en la dark web.

La respuesta fue excelente. Sus clientes dejaron de verlo únicamente como un técnico que solucionaba problemas y comenzaron a verlo como un socio estratégico en seguridad.

Seis meses después, el mismo bufete de abogados volvió a llamarlo. Pero esta vez no había crisis. Sus herramientas habían detectado múltiples correos sospechosos antes de que alguien hiciera clic. No hubo daños.

Daniel entendió que la detección de amenazas no era solo otra capa de protección. Era el puente entre prevención y respuesta. Sin ella, estás ciego frente a lo que ocurre en tus propios sistemas. Con ella, puedes ver el peligro antes de que golpee tu puerta digital.

Y ahora, cuando alguien le preguntaba a qué se dedicaba, ya no respondía: “Reparo computadoras.”
Respondía: “Detengo ataques cibernéticos antes de que sucedan.”

Capítulo 6: Administradores de Contraseñas, 2FA y Herramientas de Autenticación Segura

La autenticación sólida es una de las formas más efectivas de proteger tus cuentas, pero también es una de las áreas más descuidadas dentro de la ciberseguridad personal y empresarial. Muchas brechas de seguridad ocurren no porque los hackers sean extremadamente sofisticados, sino porque los usuarios dependen de contraseñas débiles, reutilizadas o fáciles de adivinar. En este capítulo exploraremos cómo los administradores de contraseñas, la autenticación de dos factores (2FA) y otras herramientas de acceso seguro pueden reducir drásticamente tu riesgo sin complicar tu vida digital.

Comencemos con el problema: la fatiga de contraseñas. El usuario promedio de internet tiene entre 80 y 100 cuentas en línea, y la mayoría reutiliza las mismas pocas contraseñas en múltiples sitios web. Esto es peligroso porque si una plataforma sufre una filtración y tu contraseña queda expuesta, los atacantes intentarán usarla en otros servicios mediante una técnica llamada credential stuffing. La única defensa real es utilizar una contraseña fuerte y única para cada cuenta. Pero memorizar docenas o cientos de contraseñas es prácticamente imposible sin ayuda. Ahí es donde entran los administradores de contraseñas.

Un administrador de contraseñas es una bóveda segura que almacena todas tus credenciales en un lugar cifrado. Solo necesitas recordar una contraseña maestra, mientras el sistema se encarga de generar y recordar las demás. Entre las opciones populares se encuentran 1Password, LastPass, Bitwarden y Dashlane. Estas herramientas pueden crear contraseñas complejas, como "@Z5n!q8Rp#L2", extremadamente difíciles de adivinar o descifrar mediante fuerza bruta. Todas se almacenan cifradas y únicamente tú tienes acceso mediante tu clave maestra.

Al elegir un administrador de contraseñas, busca uno con arquitectura de conocimiento cero, lo que significa que ni siquiera el proveedor puede acceder a tus datos almacenados. También considera funciones adicionales como compartir contraseñas en familia o equipos, acceso de emergencia e integración entre dispositivos y navegadores. Los administradores sincronizados en la nube son muy cómodos porque mantienen tu bóveda actualizada en todos tus dispositivos, mientras que soluciones locales como KeePass ofrecen máxima privacidad para quienes prefieren gestionar manualmente la sincronización.

Ahora bien, incluso con contraseñas fuertes y únicas, aún necesitas una capa adicional: la autenticación de dos factores (2FA). Esta tecnología añade una segunda verificación además de tu contraseña. Incluso si alguien obtiene tu clave de acceso, no podrá iniciar sesión sin este segundo factor.

Las formas más comunes de 2FA incluyen:

- Aplicaciones autenticadoras como Google Authenticator, Authy o Microsoft Authenticator, que generan códigos temporales.
- Llaves de seguridad físicas como YubiKey o Titan Security Key, dispositivos que se conectan al computador o teléfono.
- Códigos SMS, que aunque son mejores que nada, son menos seguros porque pueden ser interceptados mediante ataques de duplicación de SIM.

Las aplicaciones autenticadoras y las llaves físicas suelen ser las opciones más seguras. Las llaves físicas, en particular, son extremadamente resistentes al phishing porque no funcionan en sitios falsos. Muchas empresas ya exigen este tipo de autenticación para acceder a sistemas críticos.

Otra herramienta útil es el inicio de sesión único (SSO) en entornos empresariales. El SSO permite acceder a múltiples aplicaciones con un solo inicio de sesión centralizado. Esto reduce la fatiga de contraseñas y facilita la gestión, pero también hace que la cuenta principal deba estar protegida con medidas extremadamente fuertes, como llaves físicas y 2FA.

También es recomendable revisar regularmente tus cuentas para activar 2FA donde esté disponible. Plataformas como Google, Apple, Microsoft, Facebook, Instagram y Dropbox ofrecen esta opción dentro de sus configuraciones de seguridad. Algunos administradores de contraseñas, como 1Password y Dashlane, incluso pueden escanear tus cuentas y mostrar cuáles aún no tienen 2FA habilitado.

Cuando utilices administradores de contraseñas y herramientas de autenticación, sigue estas buenas prácticas:

- Crea una contraseña maestra fuerte, larga y memorable.
- Guarda copias de respaldo de tus códigos de autenticación para evitar perder acceso si pierdes tu teléfono.
- Cambia inmediatamente cualquier contraseña comprometida tras una filtración.
- Evita compartir contraseñas por correo o mensajes; utiliza funciones seguras de intercambio.

- Revisa periódicamente tu bóveda para eliminar cuentas antiguas y verificar que cada acceso tenga contraseña única y 2FA activado.

La realidad es que los atacantes buscan objetivos fáciles. Si reutilizas contraseñas o usas combinaciones débiles, facilitas su trabajo. Pero al combinar un administrador de contraseñas con autenticación de dos factores, aumentas enormemente la barrera de acceso. Incluso si tus datos aparecen en una filtración, los atacantes tendrán dificultades para avanzar sin el segundo factor.

La autenticación segura no es solo un tema técnico; es una medida de protección personal. Igual que cerrar con llave la puerta de tu casa, protege tu dinero, identidad, reputación y privacidad. Y gracias a las herramientas modernas, implementarla es más sencillo que nunca.

Cómo Sofía aprendió sobre administradores de contraseñas

Sofía Álvarez siempre se consideró cuidadosa en internet. Evitaba enlaces sospechosos, desconfiaba de correos extraños y cambiaba sus contraseñas cada pocos meses. Pero cometía un error común: reutilizaba variaciones similares de la misma contraseña en casi todas sus cuentas.

Todo comenzó con una filtración.

Una noche recibió una alerta de seguridad de su proveedor de correo: "Intento de inicio de sesión sospechoso detectado desde una ubicación desconocida." Cambió la contraseña inmediatamente, creyendo que el problema había terminado. Pero semanas después encontró compras no autorizadas en su cuenta bancaria. Poco después perdió acceso a Instagram y a su portafolio profesional.

Descubrió que una pequeña tienda online donde había comprado años atrás había sufrido una filtración. Su contraseña quedó expuesta en la dark web. Los atacantes probaron esa misma clave en otros servicios y, como ella utilizaba versiones similares, lograron entrar fácilmente.

Asustada, llamó a su amigo Marcus, consultor en ciberseguridad.

"Necesitas un administrador de contraseñas y autenticación de dos factores—hoy mismo", le dijo.

Al día siguiente, Marcus le mostró cómo configurar Bitwarden, un administrador seguro y de código abierto. Le explicó que podía generar contraseñas únicas y almacenarlas en una bóveda cifrada. Al principio Sofía dudaba: "¿Y si hackean el administrador?" Marcus le explicó el sistema de conocimiento cero. Incluso si el servicio fuera comprometido, nadie podría leer los datos sin la contraseña maestra.

Pasaron horas cambiando credenciales. Comenzaron con correo electrónico, banca y redes sociales. Cada cuenta recibió una contraseña única de veinte caracteres.

Luego activaron 2FA en todos los servicios compatibles. Para cuentas críticas usó una llave física; para otras, Authy generando códigos temporales.

En pocos días, Sofía notó la diferencia. Ya no necesitaba recordar múltiples contraseñas. Recibía alertas cuando un servicio sufría filtraciones y podía cambiar claves rápidamente. El inicio de sesión tardaba algunos segundos más, pero le daba tranquilidad.

Un mes después recibió una notificación de filtración en una cuenta secundaria. Antes habría entrado en pánico. Esta vez abrió su administrador, verificó que la contraseña era única y eliminó la cuenta. Sin estrés.

Sofía fue más allá. Ayudó a sus padres a instalar su propio administrador de contraseñas y ofreció una charla breve a su grupo de freelancers sobre los riesgos de reutilizar claves. Incluso comenzó a incluir listas de seguridad en los paquetes de bienvenida para nuevos clientes.

Lo que comenzó como una experiencia aterradora se convirtió en un cambio profundo en su vida digital. Pasó de ser vulnerable a ser resiliente.

Ahora, cuando alguien se queja de recordar demasiadas contraseñas, ella sonríe y responde:

“Solo necesitas recordar una: la contraseña maestra. Después de eso, las herramientas hacen el resto.”

Capítulo 7: Respuesta a Incidentes: Qué Hacer Cuando Algo Sale Mal

Incluso las mejores estrategias de ciberseguridad no pueden garantizar inmunidad total frente a ataques. Un hacker decidido, un clic descuidado o una estafa bien diseñada pueden superar incluso las defensas más sólidas. Por eso, contar con un plan de respuesta a incidentes bien estructurado es tan importante como tener cerraduras y alarmas: esperas no necesitarlo nunca, pero agradecerás tenerlo cuando algo salga mal.

En términos de ciberseguridad, un incidente es cualquier evento que compromete—o intenta comprometer—la confidencialidad, integridad o disponibilidad de tus datos o sistemas. Esto puede incluir infecciones de malware, ataques de phishing que roban credenciales, ransomware que cifra archivos, accesos no autorizados a cuentas en la nube o incluso la pérdida de un dispositivo con información sensible. La clave para minimizar daños es actuar rápidamente, de manera organizada y sin entrar en pánico.

Un plan adecuado de respuesta a incidentes se divide en cinco fases principales: Preparación, Identificación, Contención,

Erradicación y Recuperación. Algunas organizaciones añaden una sexta etapa: Revisión Posterior al Incidente.

1. Preparación

La preparación lo es todo. Esta etapa consiste en configurar herramientas, políticas y recursos antes de que ocurra un problema. Debes contar con:

- Un inventario actualizado de dispositivos, cuentas y ubicaciones de almacenamiento.
- Acceso rápido a contactos de emergencia como soporte técnico, proveedores en la nube o asesoría legal.
- Copias de seguridad de archivos críticos, almacenadas y probadas regularmente.
- Una lista escrita de pasos a seguir durante un incidente.

La preparación también implica capacitación. Debes saber reconocer señales sospechosas y entender a quién contactar. Si eres freelancer o dueño de negocio independiente, significa decidir de antemano quién puede ayudarte y cómo comunicarte durante una emergencia.

2. Identificación

Esta fase consiste en detectar que algo no está bien. Las señales pueden incluir:

- Inicios de sesión desde ubicaciones desconocidas.
- Archivos desaparecidos o cifrados inesperadamente.
- Equipos lentos o comportamientos extraños.
- Alertas provenientes del antivirus o herramientas de detección.

Cuanto antes identifiques el problema, mayores serán tus posibilidades de contenerlo antes de que genere daños importantes. Algunas veces la detección proviene de software automático; otras, de la observación humana.

3. Contención

Una vez identificado el problema, el objetivo principal es impedir que se expanda. Dependiendo de la situación, esto puede incluir:

- Desconectar dispositivos afectados de internet.
- Suspender temporalmente cuentas comprometidas.
- Bloquear direcciones IP o puertos específicos.

La contención te da tiempo para investigar sin permitir que el daño siga creciendo. Por ejemplo, si un equipo infectado con ransomware sigue conectado a la red, podría cifrar archivos compartidos.

4. Erradicación

Después de contener la amenaza, debes eliminarla completamente. Esto puede implicar:

- Ejecutar análisis profundos de malware.
- Cambiar contraseñas comprometidas y activar autenticación de dos factores.
- Restaurar archivos desde respaldos limpios.
- Instalar actualizaciones y parches de seguridad.

Es fundamental identificar la causa raíz: un correo de phishing, software obsoleto o configuraciones inseguras.

5. Recuperación

La recuperación consiste en devolver los sistemas a funcionamiento normal. Esto puede incluir reinstalar programas, reconectar dispositivos o reactivar cuentas. También es importante monitorear durante días o semanas para detectar intentos de reinfección.

Para empresas, esta etapa puede requerir notificar a clientes, socios o autoridades regulatorias si hubo exposición de datos sensibles.

6. Revisión Posterior al Incidente

Una vez superada la crisis, analiza lo sucedido:

- ¿Cómo ocurrió el ataque?
- ¿Cuánto tardaste en detectarlo?
- ¿Qué funcionó bien y qué debe mejorarse?

Actualiza políticas, herramientas y capacitación con base en esas lecciones. Cada incidente puede convertirse en una oportunidad para fortalecer tu seguridad.

Consejos prácticos para responder mejor a incidentes:

- Documenta cada paso y acción realizada.
- Conserva una copia impresa del plan de respuesta.
- Practica simulacros al menos una vez al año.
- Evita reaccionar impulsivamente o paralizarte.

El mayor error durante un incidente es quedarse inmóvil por miedo o confusión. El segundo error es actuar sin estructura. Un plan te brinda claridad cuando el tiempo importa.

No necesitas ser experto en seguridad. Solo necesitas estar preparado.

La historia impactante de Ethan

Una fría mañana de lunes en febrero, Ethan Williams llegó a su pequeña firma de arquitectura esperando un día tranquilo. Pero apenas entró, su recepcionista lo recibió con pánico.

"Ethan, los archivos del servidor... desaparecieron. Solo aparecen nombres extraños y una nota pidiendo Bitcoin."

Sintió un vacío en el estómago.

Corrió hacia su oficina y abrió la unidad compartida. Todos los proyectos—planos, propuestas, facturas—habían sido reemplazados por archivos cifrados y una nota de rescate.

"Tus archivos están bloqueados. Paga en 72 horas o serán eliminados para siempre."

Ethan no tenía departamento de TI. Solo trabajaba ocasionalmente con Trevor, un técnico que hacía mantenimiento una vez al mes. Lo llamó de inmediato.

Trevor llegó rápidamente y confirmó lo peor: ransomware.

Su primera acción fue contener el ataque. Desconectó los equipos afectados, apagó la red Wi-Fi y bloqueó el router para evitar que el malware alcanzara respaldos o dispositivos adicionales.

El equipo estaba confundido, pero Trevor mantuvo instrucciones claras:

"Nadie toque nada. No conecten dispositivos. Esperen."

Luego comenzó la identificación. Revisó registros y encontró rápidamente el origen: un correo falso de entrega de paquetes abierto por un practicante el viernes anterior.

El malware había permanecido dormido todo el fin de semana.

Después llegó la erradicación. Trevor utilizó herramientas especializadas para eliminar el ransomware. Aunque el malware desapareció, los archivos seguían cifrados.

Por fortuna, Trevor había implementado meses antes un sistema de respaldos desconectados de la red. Ethan pensaba que era exagerado.

Ese respaldo salvó casi toda la empresa.

Restauraron archivos, recrearon documentos faltantes y cambiaron todas las contraseñas. También activaron autenticación de dos factores y actualizaron todos los sistemas.

Cuando la crisis terminó, Ethan reflexionó sobre lo cerca que estuvieron de perder años de trabajo.

La semana siguiente, Trevor organizó una revisión del incidente. Explicó al equipo qué ocurrió, cómo responder y cómo evitar futuros errores. Mostró el correo fraudulento y enseñó señales de alerta.

También entregó una guía rápida plastificada con pasos básicos ante incidentes.

Desde entonces, Ethan convirtió la capacitación en ciberseguridad en una práctica habitual. Invirtió en mejores herramientas, firewalls más fuertes y planes de continuidad empresarial.

La experiencia fue una transformación.

Ahora, cuando otros dueños de negocio le preguntan sobre seguridad digital, responde sin dudar:

"No tienes que ser experto. Solo necesitas un plan. Porque cuando algo salga mal—y créeme, ocurrirá—la diferencia entre un desastre y un susto depende de cómo respondas."

Capítulo 8: Cómo Construir un Kit de Herramientas de Ciberseguridad con Bajo Presupuesto

Cuando la mayoría de las personas escucha la frase “kit de herramientas de ciberseguridad”, imagina software empresarial costoso y departamentos completos de tecnología. Pero la realidad es que puedes construir un sistema de seguridad altamente efectivo para uso personal o para un pequeño negocio sin gastar una fortuna. En este capítulo aprenderás cómo reunir herramientas esenciales para proteger tus datos, dispositivos y cuentas, manteniendo los costos bajos o incluso utilizando opciones gratuitas.

Un kit de ciberseguridad es simplemente una colección de herramientas y servicios que trabajan juntos para prevenir, detectar y responder a amenazas. El contenido exacto dependerá de tus necesidades, pero un kit completo debería cubrir seis áreas principales: gestión de contraseñas, protección contra malware, seguridad de red, cifrado de datos, respaldo y recuperación, y monitoreo.

1. Gestión de Contraseñas

Una contraseña fuerte y única para cada cuenta es tu primera línea de defensa. Aunque administradores premium como 1Password o Dashlane ofrecen funciones avanzadas, opciones gratuitas como Bitwarden o KeePassXC proporcionan una excelente funcionalidad básica. Estas herramientas generan y almacenan contraseñas seguras en bóvedas cifradas, sincronizan entre dispositivos y alertan si alguna contraseña aparece en una filtración conocida. Elegir un administrador con arquitectura de conocimiento cero garantiza que solo tú puedas acceder a tus credenciales.

2. Protección contra Malware

No necesitas gastar grandes cantidades en antivirus para estar protegido. Windows Security, integrado en Windows 10 y 11, y XProtect en macOS ofrecen protección sólida para la mayoría de los usuarios. Si deseas funciones adicionales, como protección contra ransomware o filtrado web, puedes complementar con versiones gratuitas de Avast o AVG. Lo importante es mantener el software actualizado y realizar escaneos frecuentes.

3. Seguridad de Red

Los firewalls y configuraciones seguras de red son esenciales, pero no requieren equipos empresariales costosos. La mayoría de los routers domésticos incluyen firewalls integrados; solo debes asegurarte de que estén activados. Para mayor protección en redes Wi-Fi públicas, utiliza una VPN confiable. Servicios como Proton VPN o Windscribe ofrecen planes gratuitos con cifrado fuerte. Si puedes invertir un poco más, un router de mejor calidad de marcas como TP-Link o ASUS puede ofrecer configuraciones avanzadas de seguridad.

4. Cifrado de Datos

El cifrado es esencial para proteger archivos y comunicaciones. Para cifrado de dispositivos, puedes utilizar herramientas integradas como BitLocker en Windows o FileVault en macOS. Para cifrar carpetas específicas antes de subirlas a la nube, programas gratuitos como VeraCrypt o Cryptomator son excelentes opciones. Para correos electrónicos cifrados, ProtonMail ofrece una versión gratuita. Para mensajería privada, Signal proporciona cifrado de extremo a extremo sin costo.

5. Respaldo y Recuperación

Una copia de seguridad segura puede marcar la diferencia entre una pequeña molestia y un desastre total. Servicios gratuitos como Google Drive, Dropbox Basic o OneDrive pueden almacenar documentos importantes, aunque siempre es recomendable cifrar información sensible antes de subirla.

Para respaldos locales, un disco duro externo combinado con herramientas como Windows Backup o Time Machine ofrece tranquilidad a largo plazo.

6. Monitoreo y Alertas

Muchas personas subestiman el monitoreo, pero es fundamental para detectar amenazas rápidamente. Servicios gratuitos como HaveIBeenPwned pueden alertarte si tu correo o contraseña aparecen en filtraciones. Configurar alertas de Google con tu nombre comercial o personal también puede ayudarte a detectar fraudes o intentos de suplantación. Algunos administradores de contraseñas incluyen monitoreo de brechas sin costo adicional.

Cómo Construir tu Kit Paso a Paso

Si tu presupuesto es limitado, puedes construir tu kit gradualmente. Empieza con lo básico: administrador de contraseñas, antivirus y respaldos. Luego añade capas adicionales como cifrado, VPN y monitoreo. Recuerda que la ciberseguridad funciona mejor cuando múltiples herramientas se superponen, un concepto conocido como defensa en profundidad.

Cómo Mantener Bajos los Costos

Para evitar gastos innecesarios:

- Aprovecha las funciones integradas antes de comprar software adicional.
- Usa herramientas de código abierto gratuitas.
- Aprovecha planes gratuitos y actualiza solo si realmente necesitas más funciones.
- Busca promociones y descuentos.

La Importancia del Mantenimiento

Incluso el mejor kit pierde valor si no se mantiene. Programa una revisión mensual de seguridad para actualizar programas, ejecutar análisis, revisar enlaces compartidos y probar respaldos. Mantén tu kit simple y elimina herramientas obsoletas que puedan convertirse en riesgos.

En resumen, construir un kit de ciberseguridad económico es completamente posible. Combinando herramientas gratuitas con configuraciones inteligentes, puedes alcanzar un nivel de protección comparable al de sistemas mucho más costosos. No necesitas un gran presupuesto; necesitas estrategia, disciplina y consistencia.

Cómo Jordan construyó su kit de ciberseguridad

Jordan Lee acababa de lanzar su negocio de fotografía. Sabía capturar imágenes perfectas, pero la ciberseguridad no era su fortaleza. Pensaba que mientras tuviera antivirus y evitara enlaces sospechosos, estaría protegido.

Todo cambió cuando un cliente le escribió alarmado:

"Jordan, ¿me enviaste este enlace de factura? Parece extraño y mi computadora lo marcó como peligroso."

Jordan no había enviado nada.

Revisó rápidamente y descubrió que su correo electrónico había sido comprometido. El atacante estaba enviando enlaces maliciosos a sus clientes, dañando su reputación.

Pasó horas cambiando contraseñas y respondiendo llamadas.

Decidido a evitar que volviera a ocurrir, comenzó a investigar herramientas de protección. Al principio se sintió abrumado. Todo parecía caro y diseñado para grandes empresas.

Pero descubrió algo importante: podía construir un sistema sólido casi sin gastar dinero.

Comenzó con Bitwarden, creando una bóveda segura para sus contraseñas. Luego activó autenticación de dos factores con Authy.

Después revisó su laptop y descubrió que Windows Security ya ofrecía buena protección. Programó escaneos automáticos y activó actualizaciones.

Para proteger su red, revisó por primera vez la configuración del router. Activó el firewall, cambió la contraseña predeterminada y creó una red separada para invitados.

Cuando trabajaba desde cafeterías o aeropuertos, comenzó a utilizar Proton VPN.

Su mayor preocupación eran los archivos de clientes: fotos, contratos y facturas. Instaló Cryptomator para cifrar documentos antes de subirlos a Dropbox.

También desempolvó un disco duro externo y configuró respaldos automáticos dos veces por semana.

Finalmente, configuró monitoreo gratuito mediante HaveIBeenPwned y alertas de Google para su nombre comercial.

El cambio fue inmediato.

Cuando semanas después un cliente volvió a preguntar por un correo sospechoso, Jordan pudo revisar registros y confirmar rápidamente que todo estaba seguro.

Su kit lo transformó de reactivo a preventivo.

Un año más tarde, compartió su experiencia en un evento para pequeños negocios. Entregó una lista sencilla con las herramientas que utilizaba—la mayoría gratuitas—y explicó cómo trabajaban juntas.

Muchos asistentes quedaron sorprendidos.

Jordan entendió que la ciberseguridad no depende de tener las herramientas más costosas, sino de usar las correctas de manera constante.

Y gracias a su kit económico, ahora podía enfocarse en lo que más amaba: capturar momentos, no reparar desastres digitales.

Capítulo 9: Señales de Alerta: Cómo Saber si Estás Siendo Vigilado, Hackeado o Rastreado

Uno de los aspectos más peligrosos de las amenazas cibernéticas es que muchas personas no saben que han sido comprometidas hasta que ya es demasiado tarde. Los ciberdelincuentes suelen operar silenciosamente, recopilando información, monitoreando actividad y preparando ataques mayores antes de revelarse. La capacidad de reconocer señales de alerta de vigilancia, hackeo o rastreo puede marcar la diferencia entre detener un ataque a tiempo o sufrir una pérdida importante.

Una de las primeras señales suele aparecer en tus cuentas en línea. Correos electrónicos, redes sociales, aplicaciones bancarias y almacenamiento en la nube son objetivos frecuentes. Si comienzas a recibir alertas de inicio de sesión desde ubicaciones desconocidas, notificaciones de cambio de contraseña que no realizaste, mensajes enviados que no recuerdas haber escrito o correos marcados como leídos sin haberlos abierto, debes tomarlo como una advertencia seria. Muchas plataformas permiten revisar el historial de acceso reciente, y revisar estos registros regularmente puede ayudarte a detectar actividad sospechosa antes de que se convierta en un problema mayor.

Otra señal importante es el comportamiento extraño de tus dispositivos. Si tu computadora comienza a funcionar lentamente sin explicación, si programas se abren o cierran solos, si el cursor se mueve sin tu intervención o si escuchas actividad constante del disco duro incluso cuando no estás utilizando el equipo, podría existir malware funcionando en segundo plano. Spyware, herramientas de acceso remoto y registradores de teclas suelen operar silenciosamente mientras recopilan datos personales. Un análisis completo con antivirus actualizado o herramientas de detección avanzada puede ayudarte a confirmar si el sistema está limpio.

También debes prestar atención a ventanas emergentes, anuncios extraños o redireccionamientos inesperados en el navegador. Si comienzas a recibir mensajes de seguridad falsos que te piden llamar a soporte técnico o descargar actualizaciones urgentes, es probable que estés frente a una estafa. Muchas infecciones comienzan precisamente con estas tácticas diseñadas para engañar al usuario y lograr que instale software malicioso por voluntad propia.

En teléfonos móviles, los cambios repentinos en la duración de la batería o en el consumo de datos pueden indicar que una aplicación espía está activa. El spyware suele enviar información constantemente hacia servidores externos, lo que provoca uso excesivo de batería y ancho de banda. Revisar el consumo de batería y datos desde la configuración del dispositivo puede ayudarte a detectar aplicaciones sospechosas.

Otra bandera roja importante ocurre cuando cambian configuraciones de seguridad sin tu permiso. Si descubres que tu firewall, antivirus o actualizaciones automáticas fueron desactivadas sin razón aparente, debes actuar inmediatamente. Algunos atacantes deshabilitan protecciones para facilitar futuros accesos. En esos casos, es recomendable reactivar todas las medidas de seguridad, ejecutar análisis completos y considerar restaurar una copia de respaldo segura.

Las actividades financieras también pueden ofrecer señales tempranas. Pequeños cargos desconocidos en tarjetas de crédito o cuentas bancarias suelen ser pruebas realizadas por atacantes antes de intentar movimientos mayores. Revisar estados financieros frecuentemente y activar alertas automáticas puede ayudarte a detectar irregularidades rápidamente.

Recibir correos de servicios que nunca utilizaste también puede ser una advertencia. Si empiezas a recibir mensajes de verificación de cuentas en plataformas desconocidas, alguien podría estar utilizando tu dirección de correo para registrarse. Asimismo, si amigos o colegas reciben mensajes sospechosos enviados desde tus cuentas, es probable que ya hayas sido comprometido.

En algunos casos, especialmente para personas con acceso a información sensible, pueden existir señales físicas. Tornillos removidos de una laptop, dispositivos USB desconocidos conectados o cambios en la ubicación del router pueden indicar manipulación directa.

Cuando sospeches que algo no está bien, actúa rápidamente. Desconecta el dispositivo de internet para cortar comunicación con posibles atacantes. Realiza un análisis profundo del sistema, cambia contraseñas desde un dispositivo limpio y activa autenticación de dos factores. Revisa sesiones activas y elimina accesos desconocidos. Si existe riesgo financiero o exposición de datos personales, considera contactar a tu banco o a entidades correspondientes.

La prevención sigue siendo la mejor estrategia. Mantener software actualizado, evitar descargas desconocidas y utilizar capas múltiples de protección—como firewalls, cifrado y herramientas de detección—reduce significativamente las probabilidades de sufrir un incidente.

Aprender a reconocer señales sutiles puede darte minutos, horas o incluso días de ventaja antes de que ocurra un daño grave. En ciberseguridad, detectar temprano puede ser la diferencia entre una pequeña molestia y una crisis completa.

La historia de Angela

Angela Morris pensó que tendría una semana tranquila. Trabajaba remotamente como coordinadora de proyectos y sus días normalmente consistían en administrar hojas de cálculo, responder correos y comunicarse con su equipo. Pero una mañana recibió una notificación inesperada: un inicio de sesión desde Singapur.

Nunca había estado en Singapur.

Pensó que era un error y continuó con su rutina. Más tarde notó algo extraño: correos enviados a personas desconocidas con asuntos vagos que ella jamás escribió.

Al día siguiente, su laptop comenzó a volverse lenta. Algunas aplicaciones se congelaban y el cursor parecía moverse solo por momentos. Intentó convencerse de que era un problema temporal.

Esa noche, mientras revisaba sus finanzas, encontró un cargo pequeño en su cuenta bancaria por una empresa desconocida. Recordó haber leído que muchos ciberdelincuentes prueban tarjetas con montos mínimos antes de realizar transacciones grandes.

Alarmada, llamó a su amigo Jason, especialista en seguridad informática.

Después de escucharla, Jason respondió con firmeza:

"Angela, probablemente estás comprometida. Ese acceso desde Singapur no fue un error. Tus correos están siendo usados. Tu computadora puede tener spyware. Necesitas actuar ahora."

Angela desconectó inmediatamente internet. Utilizó una tablet poco usada para cambiar todas sus contraseñas, comenzando por correo, banca y nube. Activó autenticación de dos factores en todas las cuentas.

Después ejecutó un análisis completo y descubrió dos programas espía escondidos dentro del sistema.

Jason la ayudó a eliminarlos y revisar registros de actividad. Descubrieron que el atacante había accedido varias veces durante semanas.

Luego revisó su teléfono y notó algo que había ignorado: la batería se agotaba demasiado rápido. Jason sospechó que una aplicación maliciosa estaba monitoreando ubicación y datos.

Angela eliminó aplicaciones desconocidas y actualizó el sistema operativo.

Para el fin de semana, sus dispositivos estaban limpios y sus cuentas protegidas. Pero la experiencia cambió su comportamiento. Comenzó a revisar accesos regularmente, monitorear movimientos bancarios y mantener actualizaciones al día.

Un mes después, cuando un compañero comentó que su correo actuaba de forma extraña, Angela reconoció inmediatamente las señales.

Comprendió que los ataques rara vez comienzan de forma dramática. Empiezan silenciosamente, con pequeñas pistas fáciles de ignorar.

Una alerta extraña, un pequeño cargo, una batería que se agota demasiado rápido.

Esas pequeñas señales suelen ser la única advertencia antes de que el problema crezca.

Capítulo 10: Creando Tu Plan Personal de Defensa Cibernética

La ciberseguridad puede parecer abrumadora cuando piensas en todas las amenazas posibles: hackers, phishing, ransomware, spyware, filtraciones de datos y robo de identidad. Pero la realidad es que no necesitas ser un experto en tecnología para protegerte de forma efectiva. Lo que sí necesitas es un plan personal de defensa cibernética: un conjunto claro y organizado de pasos, herramientas y hábitos que sigas de manera constante para reducir tus riesgos.

Piensa en tu plan de defensa digital como un sistema de seguridad diseñado específicamente para ti. No se trata de una sola aplicación o una configuración aislada, sino de un enfoque por capas que combina tecnología, comportamiento y respuesta ante incidentes. El objetivo es dificultar al máximo el trabajo de un atacante y facilitar tu recuperación si algo sale mal.

El primer paso es identificar tus riesgos y prioridades. Antes de protegerte, necesitas saber exactamente qué estás protegiendo. Haz una lista de los dispositivos que utilizas—como laptops, teléfonos, tablets o dispositivos inteligentes—y de las cuentas que consideras esenciales, incluyendo correo electrónico, banca, redes sociales, almacenamiento en la nube y plataformas laborales. Después, identifica los datos sensibles que manejas: documentos personales, archivos financieros, información de clientes o proyectos profesionales. Una vez tengas claridad sobre lo que está en juego, podrás entender cuáles son tus amenazas más probables. Un freelancer puede preocuparse por proteger contratos y pagos, mientras que alguien que viaja constantemente necesitará enfocarse en redes públicas y protección móvil.

El siguiente paso consiste en construir tus capas de protección. Un buen plan sigue el principio de defensa en profundidad, lo que significa que varias barreras trabajan juntas para protegerte. Si una falla, las otras siguen funcionando. Esto incluye contraseñas fuertes y únicas mediante un administrador de contraseñas, autenticación de dos factores en todas las cuentas importantes, cifrado completo de dispositivos, antivirus confiable y actualizaciones automáticas del sistema operativo. También debes proteger tu red mediante firewalls y el uso de VPN cuando te conectes desde lugares públicos.

La protección de datos es otro componente esencial. Los archivos sensibles deben cifrarse antes de almacenarse o compartirse. Además, necesitas una estrategia sólida de respaldo. La regla 3-2-1 es una excelente guía: mantener tres copias de tus datos, almacenadas en dos tipos distintos de medios, con al menos una copia desconectada de internet. Esto te permite recuperarte rápidamente frente a ransomware o pérdida accidental.

Tu plan también debe incluir monitoreo y alertas. Muchas brechas permanecen ocultas durante semanas o meses. Activa notificaciones de inicio de sesión en tus cuentas principales y utiliza servicios que te alerten si tus datos aparecen en filtraciones. Revisar regularmente movimientos bancarios, actividad de correo electrónico y registros de acceso puede ayudarte a detectar amenazas antes de que se vuelvan graves.

Igualmente importante es definir cómo responderás ante un incidente. Si sospechas que una cuenta o dispositivo fue comprometido, debes tener pasos claros. Desconectar el equipo de internet, cambiar contraseñas desde un dispositivo limpio, ejecutar análisis completos y restaurar respaldos seguros deben formar parte de tu protocolo. Tener un plan escrito elimina la improvisación y reduce el pánico.

La capacitación personal también forma parte de tu defensa. Aprender a desconfiar de enlaces sospechosos, verificar solicitudes de pago y revisar configuraciones de seguridad regularmente son hábitos que fortalecen tu protección. Si trabajas con otras personas, compartir estas prácticas es aún más importante.

Tu plan no debe ser estático. Las amenazas cambian constantemente, y tus herramientas también deben actualizarse. Revisa tu estrategia al menos dos veces al año. Actualiza software, reemplaza herramientas obsoletas, revisa contraseñas críticas y ajusta prioridades según cambios en tu vida o negocio.

Tener un plan de defensa cibernética no significa vivir con miedo; significa estar preparado. Cuando sabes exactamente qué hacer, respondes más rápido y con mayor confianza. La mejor defensa no es la más costosa, sino la que realmente utilizas de manera constante.

La historia de Melissa y su plan de defensa digital

Cuando el negocio de consultoría independiente de Melissa Grant comenzó a crecer, entendió que necesitaba tomar en serio su seguridad digital. Administraba contratos, pagos, datos de clientes y múltiples plataformas online. Sin embargo, su seguridad era inconsistente. Cambiaba contraseñas ocasionalmente y mantenía archivos importantes dispersos entre correo electrónico, laptop y almacenamiento en la nube.

Todo cambió cuando un cliente le escribió preguntando por qué había enviado una factura por $4,800 cuando el monto real era de $480.

Melissa nunca envió esa factura.

Ingresó rápidamente a su correo y encontró mensajes de rebote provenientes de destinatarios desconocidos. Su cuenta había sido comprometida y alguien estaba enviando facturas falsas intentando desviar pagos.

Después de recuperar el acceso, decidió que nunca volvería a estar desprevenida.

Ese fin de semana tomó una libreta y comenzó a diseñar lo que llamó su "Plan Personal de Defensa Cibernética".

Primero identificó todos sus riesgos. Enumeró dispositivos, cuentas, documentos y ubicaciones donde almacenaba información importante. Descubrió que tenía mucho más que proteger de lo que imaginaba.

Luego creó sus capas de seguridad. Instaló un administrador de contraseñas, generó claves únicas y activó autenticación de dos factores. Activó cifrado en su laptop, actualizó antivirus y reforzó su router.

También implementó un sistema de monitoreo. Configuró alertas de acceso para banca y correo, registró su email en servicios de monitoreo de filtraciones y comenzó a revisar movimientos financieros diariamente.

Melissa fue más allá y creó un protocolo de respuesta. Si sospechaba de una intrusión, desconectaría internet, cambiaría contraseñas desde un dispositivo seguro, ejecutaría análisis y notificaría a clientes si fuera necesario.

Incluso imprimió una guía de emergencia y la colocó junto a su escritorio.

También entendió que la seguridad dependía de hábitos personales. Comenzó a verificar enlaces antes de hacer clic, confirmar solicitudes de pago y programar revisiones trimestrales de seguridad.

Seis meses después, recibió una alerta de intento de acceso desde otro país hacia su almacenamiento en la nube.

En lugar de entrar en pánico, siguió su protocolo. Cambió credenciales, revisó registros y fortaleció configuraciones.

El atacante no obtuvo nada.

Melissa comprendió que su plan le había dado mucho más que protección: le dio tranquilidad y control.

Cuando compartió su experiencia en un evento empresarial, dijo algo que resonó con todos:

"No necesitas ser experto en tecnología. Solo necesitas pensar con anticipación. Porque en ciberseguridad, el mejor momento para prepararte fue ayer. El segundo mejor momento es ahora."

Epílogo: De la Conciencia a la Acción

Cuando abriste este libro por primera vez, quizá pensabas que la ciberseguridad era algo lejano—algo reservado para departamentos de tecnología, agencias gubernamentales o profesionales expertos rodeados de servidores y pantallas. Pero ahora ya conoces la verdad: la ciberseguridad es para todos. Es para el freelancer que envía facturas desde una cafetería, el dueño de negocio que administra información de clientes, el padre o madre que guarda fotos familiares en la nube y el viajero que se conecta al Wi-Fi de un hotel. Si utilizas internet—and todos lo hacemos—formas parte de la conversación sobre ciberseguridad, quieras o no.

A lo largo de este libro hemos recorrido un camino amplio. Has aprendido que la ciberseguridad avanzada no significa complejidad; significa intención. Exploraste el cifrado, los firewalls, el almacenamiento seguro en la nube, las herramientas de detección de amenazas, la gestión de contraseñas y la planificación de respuesta ante incidentes. También viste cómo personas comunes—igual que tú—enfrentaron amenazas reales y transformaron esos momentos en oportunidades de crecimiento y protección. Cada capítulo demostró que la combinación correcta de herramientas, hábitos y conciencia puede reducir enormemente el riesgo sin convertirte en un experto técnico.

La lección más importante es que la ciberseguridad no es un proyecto que haces una sola vez. Es una práctica continua—un conjunto de hábitos que forman parte de tu rutina diaria y semanal. Actualizar software, revisar registros de acceso, respaldar archivos y evaluar tus defensas no es diferente a cerrar la puerta de casa por la noche o revisar los detectores de humo. Son pequeñas acciones que, acumuladas, generan grandes resultados.

También es importante recordar que no estás indefenso. El cibercrimen prospera cuando encuentra objetivos fáciles: personas con contraseñas débiles, software obsoleto, redes sin protección y ausencia de copias de seguridad. Al aplicar incluso algunas de las estrategias que aprendiste aquí, dejas de formar parte de esa categoría vulnerable. No necesitas ser imposible de hackear; solo necesitas estar mejor protegido que el siguiente objetivo potencial.

Tu plan personal de defensa cibernética es el ancla que te mantendrá firme en un entorno digital impredecible. Ya sea que lo hayas construido paso a paso durante este libro o estés listo para crearlo ahora, lo importante es que sea simple, práctico y accionable. Usa capas de protección. Activa alertas.

Cifra lo que más importa. Y ten claro cómo responderás cuando—no si—ocurra algo sospechoso.

La ciberseguridad también genera un efecto multiplicador. Cuando te proteges, también proteges a tus clientes, colegas, amigos y familiares. Una red segura en casa evita que tus dispositivos sean utilizados para atacar a otros. Un documento cifrado protege la privacidad y reputación de un cliente. Una conversación sencilla sobre autenticación de dos factores puede evitar que alguien pierda sus ahorros por una estafa de phishing. Te conviertes en parte de la solución.

A medida que la tecnología evolucione, también lo harán las amenazas digitales. La inteligencia artificial hará que algunos ataques sean más convincentes y difíciles de detectar. La cantidad de dispositivos conectados seguirá creciendo, aumentando posibles puntos de entrada. Las regulaciones cambiarán y la privacidad seguirá siendo un tema central. Pero los principios fundamentales que aprendiste permanecerán iguales: conciencia, prevención, detección y respuesta.

Entonces, ¿qué sigue ahora? Empieza con algo pequeño. Tal vez sea configurar un administrador de contraseñas. Tal vez cifrar tu teléfono. Tal vez crear una lista básica de pasos ante incidentes. Los pequeños pasos se convierten en grandes niveles de protección con el tiempo. No necesitas transformar toda tu vida digital de la noche a la mañana. Solo necesitas comenzar.

Algún día podrías mirar hacia atrás y darte cuenta de que este fue el momento en que pasaste de ser un usuario pasivo de internet a convertirte en un defensor activo de tu propia seguridad digital. Y si compartes lo aprendido con otros, tu impacto crecerá aún más. La ciberseguridad no se trata solo de proteger datos; se trata de proteger personas, relaciones, oportunidades y confianza.

Tu mundo digital merece ser defendido. Ahora tienes las herramientas, el conocimiento y el plan. **El siguiente paso te pertenece.**

www.ingramcontent.com/pod-product-compliance
Ingram Content Group UK Ltd.
Pitfield, Milton Keynes, MK11 3LW, UK
UKHW020157290926
15471UKWH00005B/921

9 798295 862113